Wer die Erde liebt

**Bilder und Texte
zu den alltäglichen Wundern des Lebens**

von Wolfgang Poeplau

Christophorus-Verlag · Freiburg im Breisgau

Zum Geleit

„Wohin fliegen die Wildgänse?“ fragt ein Mönch den Abt eines Klosters. Beide sind unterwegs auf einer Wanderung. Ein Herbsttag, schon kühl und feucht die Luft. Die Blätter fallen. Vom nahen See fliegt eine Schar von Wildgänsen auf. „Sie sind schon fortgeflogen“, antwortet der Meister. Da erkennt der Mönch, was ZEIT bedeutet. Sie ist nicht ständiges Kommen und Gehen, nicht Vergangenheit und Zukunft, sondern ewig sich erneuernde Gegenwart. Niemand kann die Grenze zwischen Frühling und Sommer, Herbst und Winter festmachen, niemand sagen, wann ein Tag, eine Stunde vergangen sind. Alles Zeitmaß ist ein Willkürakt, Versuch des Menschen, Unbegreifbares in den Griff zu bekommen, im Alltag damit umzugehen.

„Wohin fliegen die Wildgänse?“ fragen auch wir wie der Mönch vor 1200 Jahren. Und die überlieferte Antwort des Abtes lehrt uns, daß alles Fragen sich letztlich in Probleme verstrickt, die wir nicht lösen können. Wir klammern uns an Vergangenes, trauern allem nach, was früher angeblich besser und schöner war, oder werden von Zukunftsangst ergriffen und können uns nicht mehr auf den nächsten Tag freuen, wie ein Kind es kann, das noch nicht in Zeitbegriffen zu denken gelernt hat. Hin- und hergerissen zwischen wehmütiger Erinnerung und ängstlichem Blick nach vorn, versäumen wir den Augenblick, das wirkliche Leben! Die Wildgänse sind davongeflogen, bevor wir von der quälenden Frage nach dem Woher und Wohin ablassen.

Warum halten wir nicht inne und werfen ab und zu einen Blick durch das Fenster unseres Alltags?
„Wer die Erde liebt, trägt sie wie ein eigen Kleid“, heißt ein alter irischer Spruch. Wer sich freuen kann, versteht den Augenblick richtig zu nutzen, der vergißt Bitterkeit und Angst und öffnet Herz und Verstand dem alltäglichen Wunder.

Wer die Erde liebt

Wer die Erde liebt, trägt sie wie ein eigen Kleid –
lichtdurchwebt, grünbestickt, blumengesäumt.
Wer die Erde liebt, bekleidet sich alltäglich
mit dem Sieg des Lebens.
Denn das Paradies ist nicht weit von hier.
Man muß nur lernen,
das Lied zu singen über dunkler Erde,
das Glas zu leeren ohne Bitterkeit im Herzen,
die Sonne sinken zu sehen ohne Unruhe.

Drüben, im Land der Jugend,
wo die Zeit nicht zählt,
sind dieselben grünen Wiesen,
ist dasselbe klare Wasser.

Man braucht nichts als die Kraft,
die Dinge geschehen zu lassen.

Mein Name ist eingeschrieben

Wie die Flechtenschrift auf den Steinen,
wie die Rinnen des Regens auf dem Fels,
wie die Windspuren im Sand,
wie die Jahresringe im Holz,
wie die Adern der Blätter und die Farbtupfen
auf den Flügeln der Schmetterlinge:
so ist mein Name eingeschrieben in Gottes Hand.

Mein Name und aller Namen.
Durch die Jahrtausende und Jahrmillionen.
Vom ersten Schöpfungstag bis zu dieser Stunde.
Eingeschrieben alle Namen
in das Geschichtsbuch der Evolution.

In den Steinen, in den Bäumen, im Sand:
Verschlüsselte Hoffnung,
Zeichenschrift des Lebens.

Ich möchte fortgehen

Manchmal möchte ich aufstehen und fortgehen.
Alles aufgeben, um alles neu zu gewinnen:
Die Träume den Berg hinaufrollen mit Mühe und Not.
Immer gegen die Technokraten und Phantasiechirurgen,
gegen die Datypisten und Klarschriftleser.
Die Träume hinaufrollen wider alle Vernunft
und anecken bei Banken und Bilanzen.
Heller und Pfennig in Hoffnung investieren.
Zum Jetzt-Leben,
zum Ganz-Sein,
zum Heil-Werden.
Manchmal möchte ich aufstehen und fortgehen,
zum Meer eilen wie ein kleiner Junge
und mit dem Löffel in der Hand den Ozean ausheben.
Eine Ewigkeit lang ...

Mein Gesicht ist sturmgezeichnet

Ich lebe ein Felsenleben.
Jahrtausende habe ich ertragen.
Regen und Trockenheit gehen über mich hinweg,
wundgeschlagen und gespalten ist mein Herz.
Sieh mein Gesicht,
das sturmgezeichnete.
Sieh meine Tränen nach jeder Flut.

Im Ansturm der Flut mache ich mein Herz
hart wie Granit,
will bleiben, was ich war,
will mich nicht einlassen auf das Werben
von Wasser und Welle,
auf die Liebkosung der Elemente.

Einmal werde ich weichen müssen.
Einmal werde ich einwilligen
und mich der Liebe beugen.

Die Welt verschwendet Schönheit

Kein Baum gleicht einem anderen Baum,
kein Grashalm dem nächsten.
Nichts wiederholt sich.
Unerschöpflich ist die Phantasie der Natur.
Das Leben ist einmalig und verschwenderisch.
Was bedarf es der Vielfalt
von einhunderttausend Schmetterlingsarten?
Wozu Milliarden Sterne am Himmel?
Wozu das Spiel der Sonnenstrahlen im Bach,
das Glitzern der Eiskristalle,
die Farbenpracht des Herbstes?
Oder das nutzloseste und erstaunlichste
Spiel der Natur: ein Regenbogen – wozu?

Die Welt verschwendet immerfort Schönheit und Anmut.
Alles, was ich plane und ausführe,
ist nur Schattenwerk.

Ich will dem Leben trauen

Heute dürfen die Füße mich tragen,
wohin sie wollen.
Über die Berge, zu den Wolken, darüber hinaus.
Ich will ein Zugvogel sein,
der das Land nicht kennt,
zu dem er aufbricht.
Ich will nicht zurückschauen und nicht fragen,
was ich lasse.
Ich will dem Leben trauen.
Alles Finden ist Empfangen,
alles Ankommen ist Geschenk.

Wie ein blindes Kind an der Mutterhand,
so will ich gehn zum Frühlingsfest.

Im Strom der Zeit

Ich blicke in das dunkle Wasser
und suche vergebens mein Bild.
Ich erkenne mich nicht.
Zu flüchtig ist das Leben.
Mein Lachen verweht der Wind,
meine Worte sind nicht von Dauer.
Menschen eilen vorbei,
ehe ich ihre Gegenwart bemerke.
Das Fest geht zu Ende, ehe es begonnen hat.
Und plötzlich begreife ich das Gleichnis des Wassers:

Wer festhalten will, verliert sich.
Wer losläßt, findet das Leben.

Manchmal genügt ein Augenblick

Manchmal genügt ein kleines Licht,
und ich sehe die Sonne zur Mitternacht.
Manchmal genügt ein Regentropfen,
und ich schöpfe Wasser aus loderndem Feuer.
Manchmal genügt eine Träne,
und das Meer fließt über.
Manchmal genügt ein Wort,
und Mauern weichen zurück.
Manchmal genügt das Schweigen, und ich höre
die Stimme meines Herzens deutlich
wie die eines Bruders.

Manchmal genügt eine Blume,
und ich begreife den Himmel.
Manchmal genügt ein Augenblick,
und ich weiß,
daß ich nicht für den Tod geschaffen bin.

Solange Du mich hältst

Ich kann nicht sterben,
solange Du mich hältst.
Alle Tage umfaßt Du mein Leben und trägst mich
aus dem Lärm der Straßen
in die Stille einer Wiese.
Ich bin ein Grashalm im Wind,
aber Du hältst den Arm des Schnitters umschlungen;
seine Sense wird stumpf an Deinem Herzen.
Ich kann nicht sterben, solange Du mich hältst.
Alle Tage rettest Du mich
aus dem Gefängnis meiner Angst
in die Freiheit
Deiner Liebe.

Nur ein Lehen ist die Erde

Nur ein Lehen ist die Erde –
anvertraut für kurze Zeit.
Alles müssen wir einmal lassen, zurückgeben
in die Hände dessen, der uns fragen wird:
Wo sind die Lilien auf dem Feld
und die Vögel des Himmels?
Haben sie Scheunen gebaut
und euch die Ernte streitig gemacht?
Waren sie neidisch auf euren Überfluß?

Wo sind die hohen Bäume, die ich pflanzte?
Die Zedern des Libanon, wer hat sie gefällt?
Waren sie Hindernis für eure Straßen,
war ihr Schatten zu kühl,
ihr Anblick beschämend für eure Größe?

Und sagen wird er:
Selbst Salomon in all seiner Pracht
konnte mit Gold nicht die Blume aufwiegen,
die sein Fuß am Wegesrand zertrat.

Meine Insel

Meine Insel – immer träume ich von ihr.
Immer sehne ich mich, immer bin ich krank.
Im Alltag – plötzlich – werde ich inne,
daß da ein Ziel ist, für das es sich lohnt,
und daß ich aufbrechen muß.
Manchmal, und sei es noch so kurz, glaube ich,
schon angekommen zu sein.
Dann ist alles Heimat, dann sagt alles:
Tritt ein, hier ist dein Zuhause!
Und die dunklen Stunden,
die ungelösten Fragen, die tiefen Zweifel
sind jenseits des Meeres.
Die Welt leuchtet in einem anderen Licht.

Ich bleibe stehen und schaue mich um.
Und die Insel, nach der ich mich sehnte,
ist der Mensch an meiner Seite.

Ich bin einverstanden

Wenn ich innehalte mitten am Tag und plötzlich
die Last auf meinen Schultern spüre …
Wenn ich den Rücken beuge und nicht mehr
so stolz, so aufrecht gehe …
Wenn mir das laute Wort im Halse steckenbleibt
und meine Hand in der Zerstörung zögert …
Wenn ich innehalte mitten am Tag
und den Schatten des Kreuzesbaumes über mir spüre,
bin ich wieder einverstanden mit dem Weg,
den ein anderer vor mir ging.

Des Lebens Ernte

Einmal wird ein Sommer kommen,
da wirft der Baum die Last des Jahres ab,
da blättert leise falscher Schein,
da fällt der Himmel durch die Äste.

Einmal wird ein Sommer kommen,
den sehe ich mit andren Augen,
den liebe ich mit andrem Herzen,
den will ich niemals lassen.

Des Sommers Ernte:
Ein Spinnwebenfaden der Erinnerung.
Der Traum des Lebens dunkelt,
die Erde leuchtet heller als zuvor.

Windstille

Wenn das Licht des Tages wechselt,
hält der Wind inne.
Ehrfurcht legt sich über die Erde.
Der Himmel spiegelt mein Herz.
Ich kann eintauchen in seine Farbe.
Die Gedanken gehen ein und aus
mit großer Ruhe –
staunende Wanderer zwischen den Welten.

Ich möchte still werden.
So still, daß der Nachklang des Schöpfungsliedes
wieder an mein Ohr dringt.
Ich möchte ausruhen.
Möchte meinen Kopf an die Schulter der Welt legen
und mich geborgen fühlen in ihrem Geheimnis.

CIP-Kurztitelaufnahme der Deutschen Bibliothek:

Poeplau, Wolfgang:
Wer die Erde liebt: Bilder u. Texte zu d.
alltägl. Wundern d. Lebens / von Wolfgang Poeplau. –
Freiburg im Breisgau: Christophorus-Verlag, 1984.
ISBN 3-419-52993-7

Reproduktionen: Rete, Freiburg
Gesamtherstellung: Freiburger Graphische Betriebe 1984